ZANGADO

O QUE É SER UM GAMER E COMO ME TORNEI UM

Este livro foi revisado segundo o Novo Acordo Ortográfico da Língua Portuguesa.

Preparação
Mariana Bard

Revisão
Breno Barreto

Capa e projeto gráfico
Victor Mayrinck

Ícones
Freepik

Fotos
Scopellikus Vicelli / Raphael Nilkerson (págs. 3, 28-29, 36-37, 62-63, 86-87, 100, 125); Rafael Teles (págs. 6, 30); Clara Nobre (págs. 14, 48, 80-81, 114 e 115)

DADOS INTERNACIONAIS DE CATALOGAÇÃO NA PUBLICAÇÃO (CIP)
ANGÉLICA ILACQUA CRB-8/7057

ZANGADO

ZANGADO GAMES / ZANGADO. — SÃO PAULO: LEYA, 2016.

128 P.

ISBN: 978-85-441-0462-0

1. ZANGADO, 1986- AUTOBIOGRAFIA 2. INTERNET - VÍDEOS 3. VLOGS (INTERNET) 4. YOUTUBE (RECURSO ELETRÔNICO) 5. ENTRETENIMENTO 6. VÍDEOGAMES 7. JOGOS ELETRÔNICOS I. TÍTULO

CDD 920

16-0841

ÍNDICES PARA CATÁLOGO SISTEMÁTICO:

1. AUTOBIOGRAFIA

LEYA EDITORA LTDA.
Av. Angélica, 2318 – 12º andar
01228-200 – São Paulo – SP
www.leya.com.br

ZANGADO

O QUE É SER UM GAMER E COMO ME TORNEI UM

AGRADECIMENTOS

Agradeço à minha agente pelo incentivo que me deu pra que eu levasse adiante o projeto de escrever um livro e por ter me colocado em contato com a editora LeYa. Sim, a editora do George Martin acreditou em mim, na qualidade do meu texto, e me deu a oportunidade de realizar o sonho de publicar meu livro.

Agradeço à minha mãe, que sempre esteve ao meu lado, me ensinando a ser uma pessoa melhor, e ao meu pai, que me fez estudar. Também aos meus amigos de faculdade que, embora estejam distantes geograficamente, sempre estarão por perto nas minhas histórias.

E, principalmente, a todos os meus seguidores, pois, sem eles, a figura do Zangado jamais existiria. Eu nunca vou me cansar de repetir: muito obrigado por tudo!

APRESENTAÇÃO

Eae, aqui é o Zangado!

Sei que foi previsível, mas eu não imaginava outro jeito de começar este vídeo... Quer dizer, este livro. Garanto que muitos de vocês vão ler o texto inteirinho com a minha voz na cabeça.

Este livro demorou bem mais tempo pra ficar pronto do que eu esperava. Ele simplesmente não saía da minha cabeça, mas eu não conseguia organizar as ideias no papel a princípio. Comecei a escrever os primeiros capítulos há um ano e meio, até um momento em que a inspiração acabou. Um dia, nos bastidores de um evento, enquanto esperava pra subir ao palco, comentei com minha agente sobre meu projeto de publicar um livro, e foi quando ela me incentivou a retomá-lo. Desde então, passei a escrever em todos os momentos e lugares: em hotéis onde ficava hospedado, em aeroportos, em voos, principalmente em minhas longas viagens com escala para o Nordeste.

Então, enfim, aqui está ele. Pra quem comprou por curiosidade ou porque gostou da capa, muito prazer. Eu sou o Zangado. Não o Zangado dos Sete Anões... há... há... há... Não sou baixinho nem muito menos barrigudo, carequinha ou barbudão.

Tenho um canal no YouTube. Com pouco mais de seis anos, chegou à incrível marca de 3 milhões de seguidores. Ou, como gosto de dizer, 3 milhões de jovens gafanhotos e libélulas. E no momento em que vocês estiverem lendo isto, o canal provavelmente terá crescido ainda mais.

Uma salva de palmas!

E aí, bateu palmas? Acho que eu ganhei foi mais um minuto de silêncio...

Brincadeiras à parte, conto aqui um pouco da minha trajetória no mundo virtual e compartilho com vocês boas e más experiências da minha carreira e vida pessoal. Pra minha sorte, tenho mais histórias boas do que *marromeno*.

Então, sem mais delongas, vai lá, fecha esse site de entretenimento adulto que eu tô ligado que está na visão periférica aí do seu computador. Desliga esse negócio. Lava essa mão, prepara um lanche, coisa leve pra não engordar. Uma feijoada de pelicano albino sem vergonha com um rabo de raposa apaixonada e um suco de alho com Nute... Quer dizer, creme de avelã com cacau. Fica acomodado, bem confortável, e vem com o tio!

Você leu todo esse trecho com a minha voz na cabeça, vai, admita! Hahaha.

E pra quem não entendeu, é dessa forma que eu inicio os meus vídeos de análise de games no YouTube.

Dicionário Zangadístico

Marromeno Mais ou menos.

Bug Erro, acontece em jogos de videogames e outros softwares.

Autoamor Masturbação, bater bronha, castanhola, brincar com os cinco anões, cinco contra um, descascar banana, descabelar o palhaço, empinar pipa, esfolar o galho, espancar o xaxão ou fapar, no Dicionário Zangadístico.

Sésgo Sexo.

Bagarai Demais, pra c*ralho.

Troll É uma criatura antropomórfica imaginária do folclore escandinavo, frequentemente maldosa e estúpida. Na internet, são pessoas infelizes que acreditam que suas vidas melhoram um pouco quando ofendem gratuitamente os outros.

UMA RAZÃO

O YouTube foi, pra mim, uma válvula de escape do estresse que eu vivia diariamente na minha adolescência, por conta de problemas com estudos e questões familiares.

Sempre fui uma pessoa muito dedicada aos estudos, um CDF (C* de Ferro), como alguns gostam de chamar. Apesar dessa piada, o verdadeiro significado dessa sigla é Crânio de Ferro, porque pessoas assim estudam tanto que se tivessem um crânio normal a cabeça poderia bugar e explodir.

Até a sétima série, eu fui um aluno exemplar. Só tirava notas 9 e 10. Menos em educação física, porque eu era sempre o último a ser escolhido para o futebol, o handebol, o basquete, o vôlei... E não pensem que eu era uma criança gordinha. Na realidade, eu só tinha duas mãos e dois pés esquerdos. Sei que se fosse canhoto eu estaria feito, mas no caso eu sou destro. Daí, danou-se. Que sensação ruim ser escolhido por último! Haha... Mas faz parte.

Na oitava série, as coisas mudaram. Perdi o interesse pelos estudos e, com isso, as minhas notas começaram a cair. Fui sentar no fundão da sala e passei a me meter em brigas com frequência. Aos poucos, fui me tornando um cara zangado.

A mudança me traz más recordações. Uma vez, bati em um dos meninos da minha sala. Na saída, ele apareceu com uma turma, e me surraram tanto que até perdi um dente. Não me julguem achando que eu era encrenqueiro ou praticava bullying. O que acontece é que, após um incidente no ano anterior, eu passei a não deixar ninguém mais tirar onda com a minha cara ou me diminuir. Ao primeiro sinal, já respondia de imediato, partindo pra porrada.

Mas vamos explicar melhor. Porque nada acontece por acaso. Ninguém muda tanto sem motivo. Lembram quando eu falei que sempre fui um CDF? Eu era um aluno tão dedicado aos estudos que, em uma das escolas que frequentei, a diretora disse à minha mãe que eu poderia avançar uma série, pois daria conta. Então, naquele mesmo ano, cursei a primeira e a segunda séries juntas, o que fez com que, a partir do ano seguinte, eu fosse sempre o mais novo e o menor das salas de aula, e também o mais fraco e o CDF. Em outras palavras, me tornei o nerd.

Dois anos depois, quando estava na quarta série, participei de uma olimpíada de tabuada entre vários colégios, e concorri contra meninos e meninas que cursavam até a sexta série. Fiquei em segundo lugar, medalha de prata. A campeã foi uma menina da sexta série.

Viu só? Não disse que eu era dedicado? O orgulho da mamãe. Own, coisa meiga, gut gut! Haha... "Legal, Zangado, legal... Mas e ae? Conta algo que motivou você a mudar" (Estou fazendo aqui como costumo fazer nos vídeos, antecipando as possíveis perguntas de vocês.)

Ok... Ok...

Como nenhuma mudança acontece por acaso, houve um fato significativo que me fez assumir uma nova postura a partir da oitava série, como comentei. No ano anterior, um dia, durante o recreio ou o intervalo, eu estava sentado sozinho na arquibancada do centenário colégio São Gonçalo, em Cuiabá, onde moro até hoje. Estava solitário porque o meu melhor amigo, que era um ano mais velho, tinha faltado. De repente, escutei umas risadas altas e uns meninos conversando, e me virei pra olhar. Parecia que um deles tinha derrubado suco de uva no braço. Foi quando ouvi outro do grupo dizer: "Vai limpar isso!" Então, o do braço sujo olhou pra mim, veio andando na minha direção e limpou o braço nas costas da minha camiseta branca do uniforme.

Acredite ou não, eu não reagi. Além de serem maiores do que eu, eles eram três! Simplesmente, fiquei quieto e olhei para o chão. Então, os meninos foram embora, dois deles rindo muito e o terceiro com um pouco de pena de mim.

Sabe, jovem, eu tenho uma memória muito boa, todos os meus colegas e amigos dizem isso. Mas, de qualquer forma, pra lembrar de momentos ruins, todos nós somos ótimos. É incrível como nosso cérebro trabalha. Somos perfeitamente capazes de esquecer momentos superdivertidos que passamos com os amigos ou aqueles especiais vividos com uma namorada ou com a família. Já com as coisas que nos magoam, que seria ótimo que o nosso cérebro apagasse, ele faz justamente o contrário: as mantém "firmes e fortes". E eu tenho uma teoria pra isso. Quer ouvir? Hehehe... Ou melhor, quer ler?

Então, lá vai: acredito que o cérebro deixe esses momentos vivos em nossas mentes porque precisamos lembrar das nossas derrotas e, assim, aprender com elas, assimilar nossos erros e evoluir como pessoas. Ninguém é feliz a vida toda e o tempo todo. Não importa a vida que você leve, quanto dinheiro tenha no banco, quantas mulheres e amigos te cerquem ou se sua família é maravilhosa. Problemas fazem parte da vida, e nós vivemos praticamente pra resolvê-los. Essa talvez seja a graça da nossa jornada, sabe?

É como nos videogames, quando um jogo desafia você; ou quando um professor pega no seu pé; ou quando seu chefe duvida da sua capacidade. Essas coisas acendem uma chama, uma vontade, uma necessidade de provarmos do que somos capazes. Tem uma frase que diz: "Não tema os fortes, tema os fracos, porque eles têm algo a provar." Sempre que superamos obstáculos, temos uma sensação maravilhosa. Então, experiências ruins devem ser guardadas, e precisamos aprender com elas. Mas, enfim... Deixa eu continuar a história sobre o incidente que me fez mudar de postura durante a adolescência.

Você sabe o que é mais engraçado? Eu não senti raiva do moleque que limpou o braço na minha blusa. Senti raiva de mim mesmo por não ter feito nada. E fiquei remoendo isso por muito tempo. Claro que eu sempre fui zoado por ser o menor e mais fraco das turmas. Mas esse episódio foi a gota d'água pra mim.

Eu já estava cansado de tirarem onda comigo, aquilo tinha que acabar.

A MUDANÇA

A minha mudança teve consequências boas e ruins. O legal é que ninguém pegou mais no meu pé, isso foi um alívio muito grande. Os moleques maiores até ficavam longe, e as meninas passaram a reparar novamente em mim – acredito que seja aquele fetiche pelo bad boy.

Quando digo "novamente", é o seguinte: quando eu era criança, ainda não gostava de meninas, aquela fase em que o menino as vê como rivais. Mas, para o meu azar, elas gostavam de mim, e isso me irritava à beça. Todo ano, tinha uma, duas ou três meninas da sala que eram apaixonadas por mim. É porque eu era aquele garotinho todo bonitinho e principezinho, e as meninas e pré-adolescentes só ligam para a beleza dos meninos. Quando elas se tornam adolescentes e mulheres é que passam a buscar algo mais, além da aparência. Ou seja, eu me via obrigado a fugir delas e acabava também sendo zoado por isso.

Depois, quando fiquei mais velho, ainda era o bonitinho da sala, mas vocês se lembram de que eu era o mais novo? Então, comecei a gostar das meninas, mas era muito pirralho pra elas, que só apertavam minha bochecha e passavam a mão na minha cabeça, me deixando na friendzone. (Adoro fazer piada sobre isso! É quando a menina ou o menino coloca o interessado(a) em uma "zona" onde não vai rolar nada, apenas amizade.) Pois é...

Mas então, essa minha mudança comportamental interferiu na minha vida toda. Como eu disse, coisas boas vieram... mas não foi apenas isso. Dentre as consequências ruins, infelizmente perdi minha paixão por aprender, o que me fez muita falta. Eu não conseguia mais ler um livro, nem sentar e me concentrar nos estudos. Ficava só pensando em mulher, jogando videogame e me aperfeiçoando cada vez mais na prática do autoamor.

Esse descaso todo acabou me gerando problemas na escola. Durante aquele ano letivo, acumulei suspensões por brigas; advertências por matar aula – ia ao fliperama jogar *The King of Fighters* e *Street Fighter Alpha* –, e por fazer desenhos impróprios no caderno e na carteira da escola, que eu ilustrava com cenas de séxo.

Meu pai sempre foi muito rigoroso com tudo, principalmente com os estudos, estilo coronel. Portanto, meu desleixo com a escola gerou algo bastante delicado: afetou o meu relacionamento com ele. Acredito que todos nós temos algum tipo de problema familiar, fases de atrito com pai, mãe, irmãos, avós ou com qualquer outro parente. Vou abrir um parêntese neste momento, então, pra dizer pra você, jovem, que isso é natural. O que precisa entender é que esses atritos não podem virar um rancor pra vida inteira.

Como eu falei em alguns vídeos no meu canal no YouTube, praticamente todo homem pode engravidar uma mulher e toda mulher pode gerar uma criança. Mas ser PAI e MÃE não é pra qualquer um. Conheci histórias de seguidores que realmente têm pais difíceis. Nesses casos, a questão é mais complicada. No entanto, muitas vezes, o que acontece é que homens têm filhos antes de amadurecer e, em virtude disso, cometem erros na criação. O resultado são famílias muito grandes, em que os pais parecem cobrar mais do filho mais velho, ignorar o do meio e mimar o mais novo. Isso, aliás, é um erro comum.

Eu não quero falar mal do meu pai, até porque ele vai ler este livro e não quero que fique chateado. Mas ele errou em muitos momentos comigo, e me fez sofrer, chorar e não me sentir amado. Hoje, entendo que isso não ocorreu por ele ser um pai ruim, e sim porque era muito jovem ainda, e a forma como tentava me orientar e que encontrava pra demonstrar seu amor era me cobrando o tempo todo. Agora, já adulto, agradeço a ele por isso, pois em meio às lágrimas acumulei muita experiência de vida e sabedoria. As pessoas mais sábias são, inclusive, as que mais derrubaram lágrimas em suas jornadas, mas as transformaram em palavras pra orientar aqueles que lhes pedem conselhos. Posso dizer que é por isso que quando meus seguidores me procuram com problemas, sempre tenho uma resposta. E é com base em minha própria vivência que comentei que é normal, principalmente durante a juventude, termos algum problema de relacionamento com os pais, mas a maturidade nos dá a capacidade de olhar pra situação de outra forma. Eu, por exemplo, já resolvi minhas questões com meu pai, e nossa relação está melhor do que nunca. Aliás, o amor por ele sempre existiu, mesmo com as brigas.

Retomando meu ano letivo na oitava série, graças ao meu péssimo desempenho, na hora da rematrícula o colégio negou-se a me aceitar novamente, e fui obrigado a mudar para uma escola terrível. Ficava em uma quebrada cheia de bandidinhos, os famosos "trombadinhas". Quase todos os dias, eu tinha que correr pra escapar deles, que tentavam roubar meu boné, meu tênis e outros objetos. Quando eu não conseguia escapar, precisava dar R$ 1,00 pra eles.

A nova escola tinha um lado bom e outro ruim. Quer dizer, hoje eu enxergo que ela era ruim. Mas como eu era adolescente, tirando esse desespero pra fugir dos bandidos, eu gostava bastante. Sabe por quê?

Por causa de um professor chamado Zé Maria, de biologia. O cara era um mala, fingia que dava aula, mas sempre chegava na sala com um aparelho de som portátil e botava uns CDs do Legião Urbana, Metallica etc. E só falava b*sta. Comentava filmes, animes e pagava de adolescente. A escola era nova e não estava indo bem financeiramente, então outros professores começaram a sair no meio do ano letivo. E adivinhem o que aconteceu?

Professor de física saiu, OPA!, Zé Maria assumiu. Professor de história saiu, OPA!, Zé Maria assumiu. No fim das contas, o cara lecionava quatro matérias, e não dava aula nenhuma. Ninguém aprendia nada. E o pior é que eu adorava! Mas o fato é que foi um ano completamente perdido.

A realidade bateu dois anos depois, quando chegou a hora de prestar o vestibular: decidir o que fazer da vida, e pior, ter aquela sensação de não saber p*rra nenhuma do necessário pra passar, foi algo muito ruim. Minha vontade era cursar odontologia, mas não tinha esse curso na universidade federal onde eu queria estudar. Então, meu pai me convenceu a fazer engenharia civil, com o intuito de que eu trabalhasse com ele depois de formado.

Como era esperado, eu bombei naquele vestibular. Depois disso, fiz um ano de cursinho tentando recuperar a vontade de estudar e ganhar a confiança dos meus pais novamente.

Quem diria que um garoto limpando o braço sujo de suco na minha roupa geraria tantas consequências na minha vida, né, jovem?

BATMAN
1001
MÚSICAS

DEAD
the office

CORRENDO ATRÁS

Muitos de vocês devem ter se identificado comigo em algumas situações contadas aqui, e outros provavelmente ainda vão se identificar com as próximas histórias que vêm pela frente.

Quem já perdeu o interesse por aprender sabe o quanto é difícil recuperá-lo. Cada pessoa tem o seu sistema de estudo, e ela costuma pensar que apenas o dela é o jeito correto. Exemplos como:

"Não estude deitado, dá sono e você vai dormir."

"Não estude com TV ou rádio ligados, pois desconcentra."

"Estude sentado a uma mesa e fique quieto."

"Estudando sem escrever? Tem que riscar no papel, senão não aprende."

"Estude em um local iluminado, senão força a vista e dá dor de cabeça." (Se bem que isso é verdade, mesmo. Rs.)

Estude assim! Estude assado! Blá-blá-bláááá!!!

Eu digo para você, jovem, que cada um deve criar sua metodologia própria, em vez de se sentir forçado a estudar como seu avô estudava 460 anos atrás, sentado a uma mesa com os pés mergulhados em uma bacia d'água para não dormir.

Meu sistema era estudar menos as matérias que eu sabia mais. Parece estranho falar assim, mas pensem comigo. Se você sabe muito história, deve concordar que estudar essa matéria vai lhe dar prazer, e com isso o tempo passará mais rápido, e sua assimilação aumentará. Entãããããão... Não precisa se esforçar para entender, pois flui. Por outro lado, se você tem muita dificuldade com matemática, precisa dedicar-se a esta matéria. Sabe por quê? Porque matérias exatas, que envolvem cálculo, são como divisores de águas em vestibulares e concursos. Afinal, quantas pessoas vocês conhecem que dizem "Eu não sei nada de matemática"? Isso mesmo, MUITAS. Portanto, se você se fortalecer na sua fraqueza, vai se destacar.

Outra dica do tio: não estude com pessoas que sabem menos do que você, porque quando você se reunir com seus amigos e colegas para estudar e ninguém souber nada, a sessão de estudo vai funcionar exatamente assim: marcam de estudar às 14 horas na biblioteca da escola ou da faculdade. Alguém chega atrasado, o outro nem vai. Vocês sentam, começam a revisar o que foi passado, perguntas são feitas, dúvidas e mais dúvidas aparecem. Só que ninguém sabe responder a nada. Aí, alguém dá a ideia: "Liga pra fulana e vê se ela fez tal exercício..." Uma hora depois, vocês já estão reclamando da vida um para o outro, dizendo que os professores são uns mal-amados, sempre apontando culpados e arrumando desculpas. Em seguida, vem a mudança de assunto, brincadeiras sobre a situação, piadas sobre vocês mesmos, zoeira e mais zoeira, distrações e mais distrações, e, quando se dão conta, o dia foi embora e vocês não aprenderam nada. Então, você volta para casa sem fome, mal-humorado e com dificuldade para dormir.

É sempre bom ter um grupo de estudo, mas não para estudar todas as matérias nem todos os dias. E nesse grupo não devem necessariamente estar os melhores amigos, mas colegas de sala que possam realmente ajudar uns aos outros.

Bem, retomando minha história, depois de me dedicar muito mais do que vocês podem imaginar no ano em que fiz o cursinho, estudando de segunda a sexta, duas matérias por dia, finalmente consegui passar no vestibular. Vocês pensam: "Passou no vestibular, realizou o seu sonho, aí foi só festa e alegria." Correto? ERRADO! O curso de engenharia é conhecido por ser muito puxado, e se o aluno vacilar, fica para trás.

Foi nesse período que eu ganhei o apelido de Zangado! Durante o trote, enquanto os veteranos zoavam os calouros, fiquei o tempo todo de cara fechada. Eu não era mais como na adolescência, mas ainda era cabeça quente, admito. Enquanto eu me irritava, outro colega que estava amarrado na mesma corda que eu – sim, estávamos amarrados em uma corda – ria direto do que acontecia. Quem acompanha meu canal já adivinhou quem é essa pessoa, né? Sim, o Vinícius, o Feliz!

Quando as aulas começaram, meu comportamento contribuiu muito para o apelido Zangado "pegar". Nos momentos de estudo em grupo na biblioteca ou no Centro Acadêmico da faculdade, o CA, eu nunca tive paciência para explicar duas vezes – se a pessoa não entendesse de pronto, eu perdia a paciência e ficava nervoso. Um colega do meu grupo, chamado Olivio, disse que eu vivia zangado. E como o Vinícius ria de tudo, ele virou o Feliz.

Os outros dois integrantes eram o Wagner, que vocês conhecem como Japa, e o Daniel, que nos vídeos é o Yugi. Esses foram os meus amigos mais próximos no primeiro ano da faculdade de engenharia civil.

ARAUTOS DO FRACASSO

As únicas recordações boas que guardei da faculdade foram as do primeiro ano, justamente por participar do grupo com o Olivio, o Feliz, o Japa e o Yugi. Nós éramos parecidos, gostávamos das mesmas coisas. Enquanto todos os outros jogavam truco e pôquer, nós jogávamos *Magic*. Foi aí que o Daniel ganhou o apelido de Yugi – que vem do mangá ou anime *Yu-gi-Oh*. Esse personagem é conhecido por nunca perder um duelo de cartas, porque sente o coração delas, só que no caso do Daniel acontecia o contrário: ele perdia todos.

O Olivio era meio hippie, Feliz era gordo e anão, Japa era magrelo e anão, Yugi era gigante e magrelo, e eu... Uau! Não sei nem por onde começar.

Eu nunca tirava o boné, era uma coisa minha. Além disso, usava duas correntes no pescoço, sendo uma delas uma cruz gigante. Vestia regatas todos os dias, porque pagava uma de "fortinho", e, pra completar o visual, calça rasgada. Tinha unhas compridas na mão direita por tocar violão. Dessa forma, me sentia o descolado. Hahaha... Mas talvez eu fosse, mesmo. Eu não tenho cara de nerd, realmente, jovem. Sou um MEGANERD das galáxias, mas quem olha pra mim não diz.

Nós cinco éramos inseparáveis. Engenharia era um curso integral. E a grade de horários mudava anualmente. No primeiro ano, as aulas eram nos turnos da manhã e da noite, e depois ia alternando, tarde e noite, manhã e noite de novo, e assim até terminar – o que levava cinco anos. Isto, claro, se o estudante tivesse muita sorte de não pegar nenhuma greve – eu mesmo peguei três, sendo que uma delas durou quatro meses – e nem fosse reprovado em nenhuma disciplina. Havia ainda a possibilidade de fazer duas dependências por ano.

Quem reprovasse, podia esquecer o resto... Ia acabar morando na universidade, porque ficava literalmente o dia inteiro lá. Desde a manhã até as 22 horas. Cansativo? Imagine!

Eu me lembro da primeira prova que tivemos. Foi de cálculo I, e eu tirei 10!!! Um ótimo começo e uma falsa ilusão de que as coisas seguiriam dessa forma. Não recordo exatamente as notas dos demais alunos, mas o único que não se deu bem foi Yugi, que tirou 5. A média na engenharia era 7, abaixo disso eram notas "vermelhas".

No primeiro ano de faculdade, praticamente tudo é festa, tudo é piada. E nós estávamos sempre juntos, como já comentei. Nosso grupo se reunia pra jogar videogame, assistir aos filmes que estreavam no cinema e, claro, pra estudar e colar nas provas.

Lembro-me de situações engraçadas, como o 0 que o Feliz tirou em geometria analítica e as notas bizonhas que tiramos em geometria descritiva – apelidada de GD.

Atenção: se você aí é estudante de engenharia ou arquitetura e deu risada porque nós fomos mal em GD, porque a sua GD foi superfácil e você passou com 10, fique sabendo que a nossa não era assim. Nosso professor era o TERROR!

E ele sabia – e gostava – disso. Ele adorava ser odiado, era visível que isso lhe dava prazer. Existia uma lenda urbana na universidade contada pelos veteranos de que ele era amargo com a vida porque tinha sofrido um enorme trauma. Aí, eu já não sei.

Como se as pessoas precisassem de um motivo para serem ruins, né? Isso é um típico conceito baseado em filmes e livros. Tem gente que é ruim simplesmente porque gosta. Essas pessoas não precisam ter seus pais assassinados em um beco ou o seu Tio Ben "pipocado" por um bandido que deixaram escapar. (A propósito, acabei de usar dois exemplos de super-heróis, Batman e Homem-Aranha, os meus favoritos.) Jovem, tem gente que sente prazer em ser ruim com as outras pessoas, porque isso dá prazer a elas e ponto final.

Mas então, nós fomos até a sala do professor ver as notas de GD, e foi aquela carniça. Olivio, eu acho que tinha tirado uns 3,5, e isso era o auge. Feliz ficou em uns 2,75; Japa, uns 2; eu,

1,5; e Yugi, 0,5. Nós éramos tão ingênuos em relação ao nosso futuro, que tivemos crise de riso com as notas, porque Yugi não dava UMA dentro, era bomba em cima de bomba. E a expressão facial que ele fazia quando pegava as provas, acompanhada de um "muito bom", era de chorar de rir.

Feliz sempre desenhou muito, e então eu sugeri que ele montasse uma história em quadrinhos sobre nossa turma, como se fosse um RPG. Eu era o bárbaro, Feliz era o elfo, Olivio era o mago... E que nós fôssemos um grupo tentando sobreviver à universidade, onde os professores fossem monstros e vilões, e os nossos outros colegas de sala, personagens secundários. O nome seria *Arautos do Fracasso*. Hahaha...

Mas essa nossa alegria começou a diminuir logo. Yugi realmente tinha muita dificuldade com o curso e acabou desistindo dele, para seguir carreira militar. Ele saiu antes de completar o primeiro ano. Foi a primeira baixa no nosso grupo, e não foi legal.

Eu pensava que deixaríamos de ser amigos, porque normalmente é assim que a vida funciona. Quando somos crianças, temos os nossos melhores amigos, e na escola, outros melhores amigos. Mas o tempo passa, e às vezes você se muda e perde o contato. Mais tarde, temos os melhores amigos da faculdade, os melhores amigos do mercado de trabalho, os melhores amigos na vida de casado. São raras as pessoas que conseguem manter os mesmos amigos a vida toda ou por muito tempo.

O mundo gira, e infelizmente uma pessoa com quem você costumava ter contato diário vira um completo desconhecido. O pior de tudo é que você sente falta, mas não como deveria. Parece que tanto faz... É muito estranho.

TRISTEZA

Na sequência, o Olivio passou a ter problemas familiares que fizeram com que ele mergulhasse no mundo de um MMO (jogos on-line que não terminam nunca), não apenas porque ele gostava de jogar, mas também como fuga da realidade. Ele começou a faltar cada vez mais, até o ponto de trancar a faculdade e mudar-se para Portugal, perdendo o contato comigo durante anos. Voltou apenas recentemente.

O primeiro ano da faculdade acabou, eu, Japa e Feliz fomos reprovados em GD e física I. Justamente o limite de matérias que se pode levar para o próximo ano.

O segundo ano era mais puxado. Começamos a ter aulas de cálculo II com derivadas e integrais triplas, resistência dos materiais e física II. E as primeiras provas foram acontecendo e nós só estávamos levando na cabeça. Então, foi a vez de o Feliz desistir. No primeiro mês do segundo ano, ele abandonou o curso e passou a estudar para o vestibular novamente, mas para entrar em publicidade. Feliz queria viver da arte dele. Eu acho que ele tomou a decisão certa, pois não era feliz na engenharia e partiu em busca da sua realização.

Então, sobramos apenas eu e o Japa. E você sabe como os asiáticos são, né? Eles não estudam, voam. Japa cansou de tudo aquilo e ligou o modo turbo, decolou. Já eu... Fiquei para trás.

Imagine você fazer um curso complicado sem ter um grupo de apoio. Eu não tive coragem de desistir de engenharia – e hoje estou satisfeito de não ter feito isso, logo vocês vão entender por quê. Por muito tempo, pensei em desistir. Fui pensando, e o tempo foi passando...

No terceiro ano, comecei a namorar uma garota da minha sala. Ela tentava me ajudar a recuperar o ânimo com a faculdade, mas era em vão, porque eu só pensava naquilo... Hahaha. Ela era estudiosa, poderia me ensinar as matérias e me ajudar. Porém, mais uma vez na minha vida, eu tinha me desmotivado nos estudos. Aí, aproveitava para apenas... Você sabe... Hehe.

A verdade é que eu era triste. Chorava quando estava sozinho, me achava burro, não aguentava mais as perguntas do meu pai sobre a faculdade, a pressão e a falta de compreensão dos que conviviam comigo. Eu realmente me sentia um derrotado.

FUGA DA REALIDADE

Como você já deve ter percebido a esta altura, eu passei por uma série de situações que me desmotivaram e que me causaram problemas emocionais de alguma forma. Por isso, precisava de uma válvula de escape. Passei, então, a buscar desesperadamente algo que funcionasse como uma fuga para mim.

Depois de um tempo, meu namoro com a garota da minha turma da faculdade acabou. Optei por terminar porque achava que ela merecia alguém muito melhor do que eu, mesmo com ela me dizendo que aquilo não tinha nada a ver. Sim, sei que parece apenas uma justificativa mentirosa minha, mas era realmente o que eu sentia na época.

A primeira escolha para esquecer minha realidade foi começar a lutar boxe. Só que aí eu inventei de pegar as duas irmãs do meu treinador! Ele me ameaçou, e eu tive que sair fugido depois de um mês de treinos apenas.

Ter envolvimentos com muitas mulheres diferentes, de idades diferentes, era uma válvula de escape para a minha tristeza. Eu não mentia pra elas. Não namorava, nada de juras de amor pra seduzir. Sempre fui sincero. Mesmo assim, as coisas aconteciam. O problema é que, na maioria dos casos, mesmo com a sinceridade, o envolvimento acontece, e os relacionamentos dificilmente ficam só no sexo. Os sentimentos fluem e, querendo ou não, magoei muitas mulheres.

Enquanto fazia *sésgo* sem parar, continuava minha busca incessante por algo que fizesse minha cabeça parar de pensar por algumas horas. (Essa prática de me envolver com várias mulheres não era um escape suficiente.) Nessa época, eu já acompanhava o YouTube. Ele ainda engatinhava, não era popular, a maioria das pessoas nunca tinha ouvido falar do site. Eu costumava assistir a coisas engraçadas. O YouTube ainda era um canal amador, sem nenhuma organização, nem *home* (página principal) tinha. Era tudo misturado, com um layout feio.

Descobri a rede por acaso, quando procurava sites de entretenimento adulto na internet. Acabei caindo no YouTube, e percebi que tinha uns vídeos engraçados e outros de games. Ele usava um sistema de avaliação que era de 1 a 5 estrelas, e os vídeos tinham limite de tempo de 10 minutos e 59 segundos, permitindo a qualidade máxima de resolução de 240p.

Eu me surpreendi ao descobrir que existiam canais nacionais de games. O primeiro vídeo a que assisti foi o do Léo, no qual ele fazia uma análise sobre o jogo do Homem de Ferro.

Não concordei com metade das coisas que ele disse, mas gostei muito, porque era algo diferente, algo que eu nunca tinha visto. Como não sabia desse lance de inscrição no canal, que podia ser um seguidor, apenas favoritei a página do canal dele no meu navegador para acompanhar. O Léo postava um ou dois vídeos por semana no máximo. Ele tinha os consoles da nova geração (Xbox 360 e PS3), e eu só tinha um PS2, que havia comprado com um salário inteiro de estagiário, por R$ 700,00. Então, o jeito era me contentar em assistir aos vídeos do Léo e babar nos jogos dele.

Por muito tempo, fiquei querendo postar um vídeo no YouTube, mas eu não sabia como, realmente não tinha noção. Conversava com os meus colegas e amigos sobre isso, e todos diziam: "Grava, ué!" Mas a verdade é que grande parte deles nem entendia o que era aquilo, pois não acessava o YouTube.

Eu sempre joguei videogame, você que é meu seguidor deve se lembrar do meu vídeo especial "Draw my life as a gamer", no qual conto sobre isso. Quem não viu, é só procurar lá no canal, tem mais de 1 milhão de visualizações. Gente *bagarai*!

Os meus amigos de infância também jogavam, todos eles: Pablo, Matheus, Chiquito, Vitor, Thiaguinho e Getúlio. Fazia parte de nosso dia a dia jogar Atari, os genéricos da Nintendo (Hi-Top Game e Turbo Game), Super Nintendo, fliperama ou arcade. Tivemos uma infância boa, porque gostávamos de games, mas brincávamos de tudo, jogar bola usando traves improvisadas de tijolo, esconde-esconde, taco – creio que esta brincadeira tenha nomes diferentes em cada região do Brasil, pois já vi pessoas chamarem de bats. Gostávamos ainda de polícia e ladrão, caiu no poço, balança caixão, entre muitas outras. Como toda criança, também saímos na porrada inúmeras vezes, mas no outro dia já estávamos conversando novamente.

Uma das coisas que mais fazíamos era sentar na esquina, em frente à casa de Vitor, embaixo da árvore, no chão da calçada e simplesmente conversar. Falávamos sobre tudo: games, animes, gibis (hoje chamados de HQs), e claro, o *Cine Privê*, que passava sábado à noite na Band. Era tão simples, mas era tão legal, sinto falta, muita falta...

Eu costumava colecionar HQs do Homem-Aranha. Toda vez que comprava uma, a gente sentava na esquina e eu lia em voz alta pra todo mundo. Dá pra acreditar? Matheus e Chiquito, que são irmãos, colecionavam *Super GamePower*, revista de games, e quando eles compravam era muito engraçado. Todo mundo se posicionava, e a cada página virada, um dizia: "EU SOU ESSE, EU SOU ESSE!!" É que a gente brincava de ser. Por exemplo, no *Street Fighter* eu era o Ryu, Matheus era o Ken, Vitor era o Bison, e por aí vai... No *Yu Yu Hakusho* (anime que passava na TV Manchete), eu era o Kuwabara, Chiquito era o Kurama, Thiaguinho, o Hiei etc.

Foi nessa brincadeira que eu me ferrei bonito com os *Cavaleiros do Zodíaco*. Nós inventamos de ser alguém em cada tipo de cavaleiro. Nos de Bronze, eu era o Seiya; nos de Prata, eu era o Aracnei; mas nos de Ouro, que eram representados por signos do zodíaco, não podíamos escolher, cada um tinha que aceitar o seu destino. Como nasci em 13 de março, sou de peixes, consequentemente... Afrodite!

Era o último cavaleiro a aparecer. Na minha fantasia, eu sonhava que seria o mais forte, mas na realidade era um cavaleiro andrógeno, com trejeitos femininos, o Afrodite, que tinha poder de rosas e era superfraco, O MAIS FRACO! Como eu fui zoado, hein! Mas era uma zoeira de amigos, enchia a paciência, porém eu não me sentia magoado nem nada.

Sempre tive uma memória assustadora, eu não consigo esquecer as coisas que leio, vejo ou me falam, nem mesmo os detalhes inúteis. Se jogava um game, eu prestava atenção em tudo! O mesmo valia pra um desenho, filme ou história em quadrinhos.

Quando sentávamos na rua para conversar, eu simplesmente explicava as coisas para os meus amigos, e todos ficavam quietos por muito tempo, só me ouvindo falar e falar.

Apesar de todos jogarem, ninguém era conectado às histórias dos games, eram mais gameplays apenas. Eu, não... Eu queria saber tudo. E me irritava com as revistas da época por não darem foco nenhum às histórias dos jogos e por as análises serem simples até demais.

Acredito que essa minha habilidade foi um dos fatores que contribuíram para o sucesso do canal. Por outro lado, sempre fui gamer, e acredito que sempre serei. Joguei e ainda jogo de tudo, e guardo muitas informações e as histórias na minha memória. Acho que esse é um dos principais motivos de os meus seguidores gostarem dos meus vídeos: a forma como eu falo, como eu explico, com exemplos pessoais. Isso dá credibilidade. Nota-se que eu joguei mesmo, as pessoas percebem que não estou fingindo, bancando o sabe-tudo. É como se meus vídeos fossem as conversas que tínhamos naquela esquina em frente à casa de Vitor, só que em vez de ter seis amigos sentados me ouvindo, eu tenho mais de 3 milhões de fãs agora.

YOUTUBE

Mas vamos voltando láááá na história do YouTube... Sobre querer, mas não saber como gravar...

A primeira dificuldade era o fato de eu não ter uma câmera para gravar. Naquela época, uma câmera digital de 3 megapixels custava quase R$ 2 mil, e eu não tinha dinheiro nenhum para investir.

Por algum tempo, passei a pegar emprestadas câmeras de amigos e colegas pra ir aprendendo a mexer, mas todo mundo tinha muito receio de liberar, porque câmeras eram muito caras – até entendo. Eu tentei fazer algumas gravações, mas os problemas começaram a surgir. Primeiro, que minha TV era aquele padrão tubo, então, quando eu tentava filmar a tela, ficavam passando faixas na gravação, porque a frequência de quadros da câmera era diferente da que tinha na televisão. Ou seja, ficava uma droga.

Acabei ficando sem opção. Mesmo com a câmera emprestada, teria que comprar uma TV nova, de tela plana, e um dos consoles da nova geração – Xbox 360 ou PS3. Meu pai tinha dito que não ia comprar nada, então comecei a juntar o dinheiro do estágio, mas estava muito difícil. Para minha alegria, minha mãe intercedeu, me deu uma força e conseguiu convencê-lo a comprar a TV, enquanto eu me encarreguei de juntar dinheiro e comprar um Xbox 360, que era mais barato que o PS3.

Toda essa novela demorou muito tempo... E a data para o primeiro vídeo foi sempre sendo jogada mais e mais para a frente.

Com o meu Xbox 360, eu comprei alguns jogos iniciais: *Borderlands, Golden Axe: Beast Rider* e *Army of Two*, do qual sou muito fã até hoje. Considero este último um dos melhores games da geração passada, embora as suas duas sequências não tenham sido boas, principalmente o 3. *Golden Axe* é um clássico. Quando criança, um colega de escola tinha um minigame – era assim que chamávamos o que hoje se chama de portátil – da Tec Toy do *Golden Axe*. Eu pagava tanto pau, tinha tanta vontade de ter um, mas ele não emprestava, fazia todo mundo ficar em volta apenas o assistindo jogar. Um otário dos infernos.

Sempre pedia para minha mãe um minigame da Tec Toy, sempre. Um dia, ela viajou com meu pai para São Paulo, na promessa de me trazer um. Nunca os dias demoraram tanto para passar, a expectativa e a ansiedade eram gigantes. Quando ela chegou, saí correndo de alegria, corri para o meu quarto, tirei do pacote e... era um jogo do Mickey e o coronel Cintra contra os vegetais alienígenas. Uau...

Eu nunca detestei tanto o Mickey na minha vida. Mesmo antes disso, sempre fui mais fã do Pateta e do Pato Donald, mas, cara, a partir daquele dia... Eu agradeci à minha mãe, afinal ela não sabia, né? Ela viu Mickey e achou que era sucesso. Afff...

Então, voltando, *Golden Axe* era um clássico, e quando eu soube que haviam anunciado um jogo para a nova geração, me animei demais. Depois de assistir ao trailer, minha vontade de jogar aquele jogaço cresceu, porque o vídeo era sensacional! No fim das contas, não era nada daquilo. O jogo era péssimo, o que me frustrou bastante.

Decidi que o meu primeiro vídeo seria sobre ele. Eu não ia analisar o game, até porque nem saberia fazer isso. Simplesmente queria fazer um vídeo alertando as pessoas para não o comprarem, não gastarem dinheiro como eu gastei. Essa foi a minha motivação, para eu ter a certeza de que deveria postar. Mas ainda não tinha dinheiro para a câmera.

Esperei mais alguns meses. Comecei a namorar, e minha namorada tinha uma câmera e emprestava-a pra mim. Quando isso me aconteceu, já tinha vendido o *Golden Axe* para comprar outro jogo.

Consequentemente, não fiz a minha crítica, e meu primeiro vídeo foi a tentativa de análise de *Borderlands*, no início de novembro de 2009.

Por mais que eu tivesse empolgação, vontade e conhecimento para falar, não conseguia me expressar da forma correta. Muitas pessoas têm bastante conhecimento, mas ao mesmo tempo grande dificuldade em explicar. Já outras sabem menos, mas conseguem explicar como ninguém.

Nas minhas primeiras tentativas, eu apertava várias vezes o botão de gravação e ficava atrás das câmeras sem saber o que dizer. Os seguidores que conseguiram acompanhar essa fase inicial notavam que, entre as minhas explicações, tinha uma pausa muito grande, porque eu pensava muito, não sabia o que dizer. Por eu não saber editar, tudo o que eu gravava era enviado para o YouTube. Se eu tossisse, espirrasse, meu cachorro latisse ou meu gato passasse na frente da câmera, era assim que o vídeo subia.

Como eu escrevi lá atrás, o YouTube permitia vídeos de até 10 minutos e 59 segundos, e desde as minhas primeiras produções eu não conseguia fazê-los tão curtos. Por isso, minha primeira gravação acabou rendendo três vídeos.

Z
ZANGADO
GAMES

VALE OU NÃO A PENA JOGAR?

Antes de postar os vídeos no YouTube, precisava decidir que nome eu colocaria. A minha ideia inicial era "Vale ou não a pena comprar", mas acabou ficando "Vale ou não a pena jogar? (BR)". Esse "BR" era para sinalizar que eu sou brasileiro, porque aqui não havia nem dez pessoas gravando vídeos para o YouTube.

Ok, vídeo no ar, agora era esperar alguém assistir. Eu mesmo passei o link para vários amigos, que assistiram e disseram que estava interessante. O vídeo teve dez visualizações em dois dias, sem nenhum comentário. Então, eu mesmo quebrei o gelo e escrevi: "Comentem."

Para dar aquela força, alguns amigos escreveram "Muito bom", "Show de bola", "Continue o bom trabalho". Mas eram meus amigos, não contava... Sei lá. É como sua mãe dizer que você está bonito: a mesma coisa que nada. Se você for um monstro do pântano, sua mãe ainda vai dizer que você é bonito.

Foi quando recebi o primeiro comentário de um desconhecido, e ele foi tão importante que até hoje não esqueci. Dizia o seguinte: "Cara, na boa, o vídeo até ficou bacana, mas nunca diga que você está fazendo uma análise, sendo que você nunca zerou o jogo." Aquilo foi uma das críticas mais construtivas que recebi em todos estes anos, e a forma que ele escreveu foi muito legal, porque apesar de não ter gostado, ainda quis me ajudar.

Ele estava certo. Logo no início do vídeo, após o meu clássico "Eae", eu dizia que tinha jogado uma quantidade de tempo, mas não tinha zerado, e então comecei a tentar explicar as coisas. Fala sério, como alguém pode falar de algo sem ter finalizado? É como você sair na metade de um filme, e depois conversar com as pessoas sobre ele, bancando o entendido.

Bom, em uma semana, o vídeo teve cem visualizações, sendo que boa parte delas eram minhas. Eu entrava toda hora pra ver se tinha algum comentário.

Depois disso, decidi gravar um segundo vídeo, de algum jogo que eu possuísse e já tivesse zerado. Sei que algumas pessoas podem não estar familiarizadas com essa expressão "zerado", então aqui vai uma explicação resumida.

Os jogos antigamente funcionavam na base da pontuação. Se ela fosse alta o suficiente, você poderia até deixar suas iniciais para ficar em um ranking. Lembra-se daqueles arcades da vida? Quanto mais avançávamos, mais complicado ficava e mais pontos fazíamos, e todos os jogos praticamente tinham o seu limite de pontos, inclusive *Pac-Man* e *Asteroids*, os mais populares da época. Quando esse limite era atingido, os pontos resetavam ao 0. Então, veio essa expressão "zerei" ou "zerado". Nossa, eu sou muito chato, até em livro eu fico querendo explicar as coisas. Mas acredite, jovem, eu sou assim em relação a tudo: filme, anime, desenho, música... Sempre tem um "Você sabia que...". Haha.

Então, escolhi o *Saw*, jogo baseado na franquia do filme *Jogos Mortais*, vídeo que ainda pode ser encontrado no canal. Esse, sim, eu tinha finalizado e poderia supostamente falar com propriedade, mas ainda tinha um porém. Como eu iria fazer isso? De que forma?

EAE, AQUI É O ZANGADO!

Se eu digo pra vocês que sou O ENTENDIDO sobre inúmeras coisas, muitas delas inúteis, do que adianta isso se eu não souber explicar?! É como aquele professor que todos nós já tivemos um dia, seja no colégio ou na faculdade... O cara tem PhD em trezentas áreas diferentes (sim, exagerei), mas não tem didática nenhuma, não sabe explicar. Para proteger-se, ele se esconde na arrogância de suas conquistas e não tem o mínimo de humildade. Ele não consegue passar seu conhecimento adiante. O colégio ou faculdade não tem a capacidade de demiti-lo porque, afinal, é um professor renomado e tem PhD em seiscentas áreas diferentes (sim, aumentei mais um pouco). Então, se você não está entendendo, a culpa é sua, JAMAIS do professor "sabe-tudo".

Voltando a falar do jogo... Ótimo, eu já tinha zerado aquele e tinha conhecimento sobre os filmes, então pensei que poderia usá-lo para deixar o vídeo ainda mais interessante. Mas quem disse que eu sabia explicar alguma coisa?

Eu não tinha empolgação, falava como um robô; entendia inglês, mas a minha pronúncia era péssima; trocava nomes; não abordava vários pontos. Resumindo, ficou simplesmente uma droga. Mas ouvir meus colegas e amigos dizerem: "Cara, ficou BEM melhor" já foi algo legal.

Fui tentando fazer outras análises e buscando ser mais animado e espontâneo, mas era complicado. Eu queria criar a minha concepção de análise, de uma forma que ninguém nunca tinha feito, não apenas no Brasil, mas no mundo inteiro; que não se limitasse às explicações de dois parágrafos e com notas do tipo "gráfico, 8", "jogabilidade, 9", "diversão, 9,5". Nunca gostei desse formato e sempre tive carência de informação.

Como alguém que nunca jogou um *Mega Man* começaria pelo 8? Se não tem ninguém para explicar? Na minha infância, não tinha internet, a informação não estava na sua cara o tempo todo, e se as revistas não se davam ao trabalho de explicar, ficava por isso mesmo.

Em meio a algumas análises postadas, seguidores começaram a surgir, e sabe o engraçado? Naquela fase do YouTube, as pessoas não se inscreviam no canal, elas me adicionavam como amigo. O YouTube funcionava como o Facebook: havia pedido de amizade e você via o que seu amigo postou.

Então, eu cheguei a ter um pouco mais de cinquenta amigos, bastante até. O legal é que quase todos comentavam. Foi quando um deles sugeriu: "Por que você não grava os jogos quando lançam ou as demos (versões demonstrativas dos games)?" Adendo: quando criança, achava que era um jogo do demônio... Haha... Contei essa mesma história no vídeo "Saga *Tomb Raider* – Parte 1".

Algumas pessoas concordaram com essa sugestão, e então veio a ideia de gravar "A primeira meia hora", vídeo que me mostraria jogando pela primeira vez, sem jamais ter treinado antes de gravar. O objetivo era mostrar a todos que eu sou gamer, que eu entendo de games, que eu joguei a minha vida inteira e tinha capacidade de jogar qualquer coisa de primeira. Contra fatos não há argumentos.

Arregacei as mangas e joguei pela primeira vez, durante trinta minutos, o jogo *Assassin's Creed 2*. Eu tinha finalizado o 1, gostado bastante e estava aguardando muito o lançamento de um novo, junto com milhares de pessoas. Os primeiros jogos da saga "Assassin's" foram únicos, e sempre serão os melhores, digo isso sem ser saudosista nem nada.

Esse vídeo daria aos seguidores ou amigos a oportunidade de ver meu outro lado. Eu não teria que ficar pensando demais no que falar nem agir como um robô, simplesmente iria jogar e me divertir.

E foi o que aconteceu. O vídeo ficou muito engraçado, porque eu era muito bobo – ainda sou um pouco – e eu simplesmente zoava do início ao fim. O vídeo praticamente dobrou o meu número de amigos, mas aconteceu um fato desagradável. Alguns dias depois, me avisaram que o meu vídeo havia sido postado por outra pessoa em um canal do YouTube e em um blog, e que ele estava agindo como se o vídeo fosse dele. Claro que eu fiquei muito p* e fui tirar satisfação, pedindo que retirasse do canal dele. Então, um seguidor sugeriu que eu evitasse esse tipo de problema me apresentando na intro. E foi assim que surgiu o "Eae, aqui é o Zangado!".

A ZOEIRA TEM, SIM, LIMITES

Era 2010 e o canal passou a ter três categorias: **A primeira meia hora**, **Testando o demo** e **Vale ou não a pena jogar?** (demorou um tempinho para mudar para **A demo**). Eu postava em média dois ou três vídeos por semana. O tempo foi passando, e o contador de visualizações, aumentando. Um dia, reparei que estava passando das 90 mil visualizações, e pensei em fazer um vídeo de agradecimento. Assim, nasceu a categoria dos **Vídeos especiais**.

Ao completar 100 mil visualizações, fiz meu primeiro vídeo de agradecimento. Era algo bem simples. Eu pegava a câmera, filmava a tela do computador, apontava os números com o dedo, fazia um joinha e mandava um "muito obrigado"! Foi aí que nasceu o "Tudo de melhor sempre. Muito obrigado por tudo.", que até hoje uso na minha despedida ao finalizar cada trabalho.

Meses depois, vieram os vídeos de 200 mil e 300 mil, no mesmo modelo. Comecei a ver que os seguidores passaram a cobrar que eu aparecesse, pois só conheciam minha voz. A sugestão era que eu aparecesse no vídeo de 400 mil visualizações e contasse um pouco da minha vida, porque ninguém sabia nada ainda.

Apesar de gostar de gravar os vídeos, eu não queria me expor na internet. Estava prestes a me formar e fazia estágio em uma empresa conhecida na área de construções prediais, não queria ter problemas no futuro. Fiquei sem saber o que fazer, até que meu amigo Feliz sugeriu que eu aparecesse no vídeo usando uma máscara. Retruquei: "Que tipo de máscara? Onde vou comprar uma máscara?"

Meus amigos sempre foram o máximo! Nos encontrávamos para jogar videogame na casa do Japa, o que fazíamos duas vezes por mês, e o Feliz apareceu com uma máscara que ele tinha comprado por R$ 1,00. A máscara era ridícula, parecia uma daquelas usadas nos filmes de Carnaval versão pornô dos anos 1990 em VHS (Bom demais! Os filmes, não a máscara).

Decidimos gravar no antigo apartamento do Feliz. Eu montei um roteiro e o Feliz foi o entrevistador. Ele perguntava e eu respondia. Este vídeo de 400 mil visualizações ainda está no canal. Ficou muito engraçado, e os vídeos especiais passaram a ser algo aguardado e uma categoria fixa. Que o vídeo ficou legal é fato, mas alguns fãs disseram que eu trapaceei, porque eles queriam ver o meu rosto.

Fiz uma análise e cheguei à conclusão de que se continuasse nessa linha o canal seria mais engraçado do que informativo, e isso não era o planejado. Eu não queria que ninguém me visse como um bobo da corte. Para voltar ao projeto inicial, aos poucos fui tentando criar um sistema para as análises.

A ideia era seguir um roteiro para que elas ficassem sempre no mesmo formato. Nos primeiros vídeos, não era assim. Em um deles, eu abordava a jogabilidade, e em outro não, isso porque eu ligava a câmera e falava tudo de improviso. Com isso, acabava deixando passar muita informação que poderia ser útil aos jogadores.

Para corrigir essas falhas, decidi criar tópicos. Continuei a falar o que vinha na mente, mas criei itens para seguir uma ordem, tipo: enredo, gráfico, jogabilidade, *bugs* etc., e assim padronizar os vídeos.

Eu sou muito exigente comigo mesmo, o maior *troll* que eu poderia ter, e com o passar do tempo vi que ainda não estava do jeito que eu queria. Porque quando você começa a falar sobre algo de improviso, suas manias aparecem no seu discurso. Você acaba não percebendo, mas para quem assiste pode ser extremamente irritante. Manias como: esse jogo tem o gráfico... Éééééé... Bem interessante, porqueeeeee... Esse tempo que esticamos uma vogal para pensar é muito irritante até para mim, sem contar o barulho dos meus cachorros latindo. Às vezes, eu espirrava no meio da gravação e postava mesmo assim, porque não fazia edição, como já comentei aqui.

Nessa fase, aos 2 anos de canal, decidi fazer os roteiros para as análises. Enquanto eu jogava, tinha um caderninho para as anotações que viravam meu rascunho e o texto final.

REVELAÇÃO?!

O tempo foi passando, 600, 700 e 900 mil visualizações, e as pessoas começaram a questionar se quando chegasse em 1 milhão eu iria mostrar o rosto. Esse pedido me fez perceber a importância desse 1 milhão e como os meus seguidores esperavam por esse vídeo especial. Contando aqui para vocês, parece que foi de um dia para outro que alcancei as marcas de 500, 600 mil, mas o intervalo desses valores foi de meses e meses.

Como eu não tinha certeza se chegaria nesse bendito milhão, eu respondi aos fãs na maior inocência: "Tirar a máscara, claro, por que não?!" Por causa dessa minha maravilhosa resposta, o canal atingiu 1 milhão na metade do tempo que costumava levar para crescer.

Quando me dei conta do que tinha acontecido, a saída que encontrei foi montar um vídeo voltado para o humor e colocar minha foto depois dos créditos – talvez passasse despercebido. Lembrando que usei esse lance de cena após os créditos antes da Marvel (haha).

Montei o roteiro em cima de um viral de um garoto alemão que se irritava por seu computador não funcionar corretamente em um jogo e inventei uma legenda em que ele queria ver o meu rosto e supostamente eu não mostrava, deixando-o furioso. Ele urrava e batia no teclado com força, pronunciando palavras em voz alta, aos berros. Então, depois dos créditos, escolhi uma foto de quando era bem novinho e postei. Muita gente assistiu ao vídeo e nem percebeu que tinha cena pós-créditos, e até hoje os que viram a foto perguntam se realmente sou eu. Quando disse que ia mostrar o rosto, não mencionei que idade teria na foto. Haha... Fui espertinho de novo.

As coisas foram acontecendo e outros canais foram surgindo. Em sua imensa maioria, canais de gameplays, fazendo as conhecidas séries (jogando um game do início ao fim, postando vários vídeos).

Naquela época, 2010/2011, os gamers pelo menos tentavam ou jogavam bem. Hoje em dia, é considerado legal jogar *marromeno*, supermal ou dizer "Nunca joguei isso na vida, não sei nada", "Não sou gamer".

Algumas pessoas nem ligam. Assistem a alguém que não sabe jogar ou que não tem nada de útil para passar, sabendo que existem pessoas jogando de uma forma muito melhor. Dá pra entender?

A ERA DAS NETWORKS

Como as coisas foram se popularizando demais – estava com 30 mil inscritos, pouco menos de 1% do que tenho hoje!, mas, acreditem, para a época era muita gente –, os direitos de imagens dos jogos passaram a ter regras. Foi quando chegou a era das networks.

Os canais deveriam associar-se a uma empresa, que comprava o direito de imagem de alguns jogos, dando permissão para reproduzir o conteúdo aos seus afiliados. E mais: o produtor do conteúdo do vídeo, no caso eu, passaria a receber dinheiro por isso. Dá pra acreditar? Jogar videogame e ganhar dinheiro? Como assim?

Mas eu era, e ainda sou, muito cabeça-dura. Uma grande network veio para o Brasil e começou a recrutar alguns canais, mas eu simplesmente me neguei a entrar. As pessoas perguntavam: "Por que não?!" Minha resposta era sempre a mesma: "Eu criei isso há quase dois anos, faço os vídeos por ser gamer, para auxiliar outros gamers, não pelo dinheiro."

E continuei sem network até completar dois anos e meio, sem receber e sem patrocínio. Não aceitava ganhar jogos nem fazer propaganda. Entendam: não é um crime aceitar games ou fazer propaganda, e não tem nada de errado, mas eu era assim, é o meu jeito, paciência.

Foi quando os direitos de imagem ficaram mais fortes, e meus vídeos começaram a ser removidos do YouTube por causa dos bendi-tos direitos autorais. Perdi um, dois, três, quatro vídeos... Aquilo foi me deixando cada vez mais e mais triste, desanimado e pensando em encerrar o canal. Os inscritos já beiravam os 40 mil e a imensa maioria ficou do meu lado, pedindo com todas as forças: "Zangado, não acaba seu canal! Entra em uma network, seu cabeça-dura, entra em alguma network! Ninguém vai dizer que você mudou nem nada! Só entra e salva o canal!" Se tem uma coisa que tenho que ressaltar é o apoio que os fãs sempre me deram. Disso nunca vou poder reclamar.

Esse carinho fez com que eu decidisse tentar. Pedi ajuda a um amigo gamer chamado Denis e ele me ajudou a entrar em contato com um responsável pelo Machinima da Inglaterra. Eu me apresentei e perguntei se poderia entrar para a rede. A resposta veio em trinta minutos: "Sim, será um prazer."

Fiquei feliz, mas perguntei na réplica se tinha problema o meu canal ser gravado com câmera. Sim, jovem. Eu tinha mais de 40 mil inscritos, usava câmera, não tinha network, não tinha patrocinador e nem queria ter. Ô, mula... Haha... A resposta deles foi: "Pode entrar, sim, usando câmera, mas tente nos próximos trinta dias aprender a usar um programa de captura de tela ou comprar uma placa de captura."

Prometi que faria isso e entrei. Tudo para salvar o canal. Porque eu já não o enxergava como meu, e sim como NOSSO. Sei que muitas personalidades que têm certa fama se defendem de críticas com: A BANDA É MINHA, O CANAL É MEU, O PROGRAMA É MEU, então faço o que

EU QUISER. Mas não é assim que funciona. Se você tem fãs, sucesso, é amado, respeitado e até mesmo invejado, é TUDO por causa deles. Então, desça do seu pedestal, tire essa p*rra de coroa que você acha que usa e dê o reconhecimento que eles merecem.

Mas, bom, foi assim, então, que entrei para uma network, no fim de novembro de 2011.

GRANDES PODERES, GRANDES RESPONSABILIDADES

Havia muitas complicações. Eu teria que aprender a mexer nesses programas de edição – coisa que desconhecia por completo – e gastar dinheiro comprando equipamentos. Por sinal, que dinheiro? Já viram universitário com dinheiro? Eu era mais quebrado que lutador de MMA aposentado.

Mas sempre tive amigos incríveis, que me ajudavam sem eu pedir. O Japa aprendeu a mexer no programa de edição Vegas sozinho e me ensinou, passo a passo, no computador dele, que era melhor que o meu. Conclusão: eu ia à casa dele editar e renderizar (resultado da edição) os vídeos. Ele também começou a aprender a usar os programas de captura, entre eles o Fraps, que é o mais básico de todos.

Assim, as coisas foram caminhando. Passei a conseguir uma imagem melhor, 720p, top da top do YouTube na época, mas o meu áudio ainda era ruim, porque a minha voz era gravada com a câmera, e daí eu removia o vídeo e juntava o som à imagem da captura. Hahaha... Eu sempre fui assim, quando não sei fazer algo, resolvo na "ogrice".

Ainda tinha que comprar a tal placa de captura para gravar games no console, mas como? Com que dinheiro? Eu me lembro de um almoço em que minha mãe disse:

– Filho, fala para o seu pai esse negócio que você faz na internet.

Meu pai respondeu daquele jeito dele:

– Que negócio?

– Tenho um canal no YouTube, faço vídeos, e tem quase 50 mil pessoas me acompanhando – respondi.

– E isso serve para quê? Vá estudar e se formar logo!

Fiquei chateado, confesso, mas não tiro a razão do meu pai. Educação é fundamental, e internet é algo que muda o tempo todo; o que faz sucesso hoje pode fracassar do dia para a noite.

Resolvi terminar meus estudos, sim, e ir levando o canal como conseguisse, tentando manter a qualidade e, quem sabe, melhorar.

Em janeiro de 2012, recebi meu primeiro pagamento do YouTube, pouco mais de R$ 1.000,00. Jovem, eu nunca tinha visto tanto dinheiro na minha vida! Até teria visto, porque, alguns meses antes, eu e um colega chamado Carlos, que fazia arquitetura em outra faculdade, tínhamos sido contratados para trabalhar em um projeto de regularização, em que tínhamos de fazer a medição e a planta baixa de uma indústria. Como éramos dois "Zés Bundinhas", jogamos o preço do metro quadrado de desenho lá embaixo, cobramos centavos, e ainda assim deu R$ 15 mil. Nós chegamos a tremer na oportunidade, eu ia pedir para o meu pai assinar as plantas e já era! Viramos madrugadas e madrugadas trabalhando e entregamos no prazo. O cara pagou com três cheques, só que todos sem fundo, e nós nos f*demos de vez. Hahaha... É a vida...

Mas por que eu iria reclamar agora? Estava R$ 1.000,00 mais rico!!! Era hora, então, de comprar uma placa de captura que custava R$ 600,00... Hahaha... Investimento, né?

Beleza! Eu já tinha imagem, conteúdo, mas não era politicamente correto e falava muito palavrão de forma desnecessária. Os seguidores foram me chamando a atenção sobre isso e aquilo, e comecei a tentar me policiar. Ainda falo palavrão, e você sabe disso. Todo mundo que joga videogame solta um palavrão de vez em quando, né? Mas aquele Zangado que falava "porr#, caralh%, vai tomar no meio do c%", tudo numa mesma frase, e se achava "o cara" por isso, não existe mais. Eu estava amadurecendo como pessoa e levando isso para o canal.

Os acontecimentos me fizeram entender que toda vez que eu fugia de um assunto durante um vídeo e falava de outras coisas, isso acabava tendo influência na vida das pessoas. Se eu fizesse um comentário maldoso, os seguidores poderiam acreditar que aquilo era um exemplo a seguir, e não era o que eu queria.

TIO ZANGADO

Passei a perceber nos comentários dos vídeos do canal que eu tinha um impacto na vida dos fãs, dos mais jovens principalmente. Eles começaram a assistir aos vídeos com frequência. Embora nunca tivessem me visto ou conversado comigo, eu me tornei íntimo e próximo, como um irmão mais velho, um primo, um colega, um amigo ou mesmo... um tio.

A partir dessa percepção, passei a querer deixar uma marca, a querer buscar ser lembrado, talvez pudesse deixar um legado. Só jogar, explicar e brincar de vez em quando não era mais o suficiente para mim. Eu queria passar valores, dar exemplo, conscientizar os jovens, ir além dos games, influenciar a vida deles.

Algumas pessoas buscam a fama de forma desesperada, para ficarem ricas ou se sentirem aceitas e amadas. Eu apenas busco ser uma voz que influencie os fãs para que, além de aprender sobre games, eles se tornem seres humanos melhores.

Em busca desse objetivo, comecei a responder às mensagens pessoais no YouTube. Percebi que só a atenção que eu dava, só a minha resposta de "Eae, jovem!" para cada "Oi, Zangado!" já gerava uma alegria tão grande que ficava difícil entender o porquê de tudo isso. Respondia às mensagens de jovens com dúvidas sobre cursos de faculdade, problemas no colégio, bullying, depressão, relacionamentos etc. Eu me sentia bem em ajudar e acreditar que estava fazendo algo bacana.

Sempre que você tem alguma dúvida sobre um assunto, mas tem aquela timidez boba de se abrir com seus pais, quem geralmente você procura? Um tio... E sou eu o Tio Zangado. Haha... O apelido pegou!

Foi quando iniciei as famosas twitcams (uma transmissão ao vivo por um site) às sextas à noite. Além de falar sobre assuntos da semana, orientava os jovens e os ajudava com seus problemas, ao vivo. Cheguei até a formar muitos casais no nosso ZangsLove. Haha... Estou falando sério! Namoros surgiram, casamentos também.

Como eu queria que tudo ficasse mais sério, resolvi trocar a máscara e adotei a do Guy Fawkes, da consagrada obra *V de Vingança*, pertencente a Alan Moore e David Lloyd. A história do filme é politizada e pode parecer não ter contexto com o que eu faço, mas a ligação era pelo fato de passar ideias, construir um legado e abrir a mente das pessoas. Foram esses os motivos que me fascinaram e me levaram a fazer essa escolha.

O Zangado tornou-se, definitivamente, uma figura da internet.

PROBLEMAS NO PARAÍSO

Eu me sentia satisfeito com o que fazia. Estava produzindo conteúdo do qual me orgulhava, tinha criado a categoria Sagas, espécie de documentário em que conto toda a história de uma franquia e do seu criador, com entrevistas, making ofs e a sua trajetória completa, com altos e baixos. Coisa nunca vista no YouTube do mundo inteiro – e que dá um trabalho gigantesco.

Eram elogios e mais elogios, mas... Sempre tem um mas. Vocês podem pensar: "Ficou chateado porque outros canais te passaram no número de inscritos? E tinham mais visualizações que você com vídeos sem elaboração nenhuma?" Não. Eu nunca liguei para isso. Sou bem esclarecido sobre o mundo. Quem busca seriedade e qualidade vai caminhar a passos lentos a sua subida, e quem opta pelo caminho das banalidades sempre vai voar, porque cai nas graças da grande massa.

Mas não existem atalhos para caminhos que valham a pena. Se eu acreditar no que faço e não duvidar da minha capacidade, posso ir na direção contrária de todos e, mesmo assim, continuar seguindo em frente. Que seja a passos de tartaruga, desde que esses passos nunca sejam interrompidos.

Quanto às mensagens dos seguidores, eu lia sobre abusos, tentativas de suicídio, solidão... Eles jogavam e jogam seus problemas em cima de mim, e aquilo foi pesando na minha cabeça. Voltei a me sentir fraco e sem poder. Achei que finalmente poderia fazer a diferença na vida das pessoas, mas sempre apareciam mais e mais problemas.

Eu precisava pisar no freio, mas não queria abrir uma mensagem de um(a) inscrito(a) precisando de mim, fechar e fingir que não tinha visto. No entanto, não tive escolha: fui obrigado a reduzir. Foi quando descobri sobre a ingratidão. Sabe quando uma pessoa te procura com um problema e você a ajuda, mas em vez de ela ficar grata, não te procura até que outro problema apareça? Aí ela pede ajuda de novo, e se dessa vez você não puder ajudar, ela se vira contra você?

Essa atitude me serviu de aprendizado. As pessoas se aglomeram para tocar na sua mão e dizer o quanto você é incrível e sensacional enquanto você estiver por cima. Mas, inexplicavelmente, elas parecem ter mais prazer em te chutar mais para baixo quando você estiver com problemas.

Isso me lembra uma frase do Duende Verde no primeiro filme do *Homem-Aranha*, aquele de 2002 com o Tobey Maguire, quando o Duende captura o Homem-Aranha usando um gás. Eles estão no topo de um prédio, o Duende sugere para o Homem-Aranha se unir a ele, mas claro que o herói se nega, e então o outro diz em resposta: "Eles te acham interessante por um período, as pessoas desta cidade. Mas uma coisa que as pessoas amam mais do que um herói é ver o seu amado herói falhar, ser derrotado, cair ou morrer tentando."

E isso é a mais pura verdade. Mas eu sou um cara consciente, penso em todas as possibilidades, nos prós e contras. E por mais que essa frase tenha uma forte carga de verdade, sempre há uma resposta à altura.

Essa conclusão veio no filme *Homem-Aranha 2*, por meio das sábias palavras da Tia May, quando Peter tinha desistido de ser o super-herói, desistido de tentar, de lutar e de buscar a aceitação das pessoas. Ela disse:

– Crianças como Henry [era um menino de 9 anos que a estava ajudando na mudança nesta cena] precisam de um herói, um exemplo. As pessoas enfrentam filas para vê-los, gritam seus nomes. E daqui a uns anos vão contar histórias de como elas esperaram horas só pra ver de relance aqueles que lhes ensinaram um dia a continuar acreditando. Eu acredito que exista um herói em todos nós [Eu também acredito, Tia May!], que nos mantém honestos, que nos dá forças e nos enobrece. E no fim nos dará orgulho, mesmo que às vezes tenhamos de ser firmes e tenhamos que desistir de coisas importantes, como alguns de nossos sonhos.

Quando assisto a alguma coisa, seja um desenho, anime, série, filme ou outra coisa, eu presto atenção em tudo. As músicas que costumo ouvir não são as músicas do momento, mas sim aquelas que ouvi quando assisti a algo. Músicas que têm relação com a minha vida.

Gosto de filmes besteirol, filmes de terror *trash* dos anos 1980 e alguns clássicos dos anos 1950, 1960 e 1970. Porém, quando eu assisto a algo que me passa uma mensagem, uma lição, são filmes que eu guardo com carinho pra vida toda.

E quando alguém pergunta: "Me diz uma saga de filme que você ame", e eu respondo: "Rocky", imediatamente as pessoas associam que eu gosto desses filmes porque eles têm lutas. Não vou negar que quando era criança, esse era o único motivo para eu gostar. Mas, hoje em dia, eu gosto de "Rocky" porque a mensagem de superação que ele passa é tão grande e tão forte que eu fico abismado quando as pessoas não conseguem enxergar isso e se perdem nos socos das cenas de luta.

É por isso que eu sou chato desse jeito, cheio das frases, parecendo um velho sábio da montanha. Eu só opto por tirar o melhor do que a vida me oferece e aprender com o pior que ela joga pra cima de mim.

EVENTOS PELO BRASIL

Bem, depois de toda essa reflexão, realmente passei a dosar as mensagens diárias, responder a um número limitado e novamente fui me aliviando mentalmente.

Surgiram eventos pelo Brasil e era hora de sentir na pele a reação dos fãs ao me ver, a emoção, as lágrimas e a alegria deles. O primeiro a que eu fui, só pra testar, foi na minha cidade, Cuiabá. Era um evento para mil pessoas, não tinha segurança nem organização. Fiquei em uma cadeira de plástico e as pessoas faziam fila do jeito que achavam melhor.

Entrei no lugar e a maioria nem sabia quem eu era. Mas, mesmo entre poucas pessoas, já havia aquelas que eram fãs, que me abraçavam e se emocionavam. Aquilo pra mim era tão gratificante, eu me sentia tão feliz de ver, de fazer as pessoas felizes, que meus olhos brilhavam, e em vez de ficar parado e tirar foto como um boneco de posto ao lado delas, decidi que ia abraçar cada uma. Faço isso até hoje. Não fico sentado, e eu abraço sem receio, até mesmo os(as) mais tímidos(as).

Depois, recebi a oportunidade de ir a um evento beneficente um pouco maior em Campinas, interior de São Paulo. Lá, eram quase 3 mil pessoas. E eu fiquei bem nervoso, porque não sabia como seria recebido em outro estado.

Novamente, não poderia ter sido melhor. Ver um menino de 15 anos te abraçar e chorar, depois ver um homem de 30 anos, uma menina de 8 e uma mulher de 28 fazerem a mesma coisa... E todos sempre me dizendo agradecimentos, como:

"Você me ajudou muito."

"Um dia, você me respondeu e..."

"Muito obrigado mesmo..."

"Nunca mude..."

"Continue humilde!"

Um tempo depois, o casal que organiza esse evento, Shiro e Angie, teve um filho e lhe deu o meu nome: Thiago. Tem como não ficar honrado?

Pessoas que eu ajudei anos atrás, em algum dia de 2011, 2012... Enfim, pessoas de quem eu jamais poderia me lembrar, mas que nunca vão se esquecer de mim. Mesmo que elas não acompanhem o canal mais, o carinho não desaparecerá. E eu sei que, pra elas, não fui apenas um cara que falava de jogos, fui um amigo.

Agora, multipliquem isso por dez, por cem, ou melhor, por mil. Eu fui a Belém, Manaus, Fortaleza, Curitiba, Salvador, São Paulo, Rio de Janeiro, Brasília, Recife, Goiás, Mato Grosso, Salvador etc. Tantas cidades...

Quando fiquei sabendo que iria a Curitiba, com essa fama que curitibano tem, de ser superfechado e não dar nem bom-dia, eu já me imaginava entrando no palco e ouvindo só o barulho dos meus passos, juntamente àquele bom e velho grilo ao fundo, com alguém tossindo de tanto silêncio. E não foi nada disso. Nada! Curitiba, até hoje, apesar de ter sido um evento para apenas 3.500 pessoas, e os organizadores nem saberem direito quem eu era, foi o lugar que mais teve gente se emocionando na fila. Dá pra acreditar?

Curitibanos são distantes? São frios? Se vocês perguntarem pra mim, a resposta vai ser não! Não são.

E em Porto Alegre, um evento para mais de 10 mil pessoas? Entrar no palco e ouvir 10 mil pessoas gritarem "ZANGADO!!" foi demais!

Em cada cidade, sou recebido de uma forma diferente. Eu fui duas vezes a Manaus. Na primeira vez, o calor humano foi tão grande que eu quase fui linxado de tanto amor! Invadiram o palco, e quando tentei andar quatro metros, se acumulou tanta gente à minha volta que começaram a me puxar com força, e tínhamos só quatro seguranças. Nesse mar de gente, um deles ficou pelo caminho e os outros três não conseguiam conter a multidão.

Puxaram o meu moletom, duas meninas seguraram a minha bunda e não soltavam de jeito nenhum. Fiquei petrificado, mas juro pra você: em nenhum momento tive medo. Porque em meio a toda essa confusão, ninguém, absolutamente ninguém, tentou tirar minha máscara, e isso só mostra que era carinho mesmo, de verdade, e respeito. Tá... Tirando a mão na bunda. Rs.

Ser "molestado" já faz parte da minha rotina. Eu já deixo e finjo que nem vi. Mas você ae, libélula que molestou o tio e achou que eu não percebi, EU PERCEBI, SIM! Não pode fazer isso! Respeite o tio.

Quando falo essas coisas, tenho certeza de que vocês ficam ainda mais curiosos, pensando "Mas e ae? Só passaram mão na bunda?". Não, já fizeram coisa pior... Mas, continuando, vou deixar vocês na curiosidade... Cinquenta tons de Zangs... Haha.

Eu tive uma experiência parecida em Salvador, quando tentei ir para o palco e não consegui. O pessoal parecia paredão em show de metal, veio correndo pra cima, o que intimidava muito. E quando eu cheguei na cidade, o motorista do evento veio me buscar, e dez minutos depois, vi uma movimentação pela janela enquanto o carro estava parado no semáfaro. Vi dois homens correndo, e de repente policiais atrás dando tiro para cima. Eu me joguei no chão do carro e o motorista nem se moveu. Gritei: "É tiro!! ABAIXA!!" E ele respondeu: "Nah... Relaxa... Normal... Policiais atiram pra cima só para dar susto, pega em ninguém, não."

Em cidades do interior, os gafanhotos são mais zoeiros, pedem pra assinar peitinho, pedem pra limpar meu suor pra levar pra casa... É só zoeira, não tem como não rir.

Sei o que vocês estão pensando com essa história de peitinho. Alguma menina já pediu pra eu assinar no seio dela? Já, algumas vezes. Mas uma delas vale a pela citar. A menina estava com o namorado do lado e pediu pra eu assinar sua HQ do V de vingança. Assinei. Pediu pra assinar o poster do *Assassin's Creed*, eu assinei. Depois ela me deu a carta que tinha escrito pra mim e pediu "Agora, assina aqui em cima do meu seio". Minha resposta foi a mais óbvia: "Não posso, seu namorado vai ficar enciumado". E o namorado dela virou e respondeu: "Pode assinar, tio."

Sem saber muito o que fazer, eu assinei. Antes

de sair, os dois ainda se aproximaram e disseram: "Se você for ficar pela cidade depois do evento, a gente tá por aqui. O telefone dela tá na carta e o e-mail também." Eu só fiz como os pinguins de *Madagascar* orientam: "Sorriam e acenem, rapazes. Apenas sorriam e acenem!"

Como eu disse, fui a muitas cidades, e em absolutamente todas eu fui bem recebido, bem acolhido e presenteado. Estive em eventos grandes, como Sana, em Fortaleza, que me abriu as portas do Nordeste; Comic Con Experience, Brasil Game Show e BIG Festival, em São Paulo; e outros menores pelo Brasil afora. São tantas histórias de eventos que não dá pra eu contar todas aqui.

Sempre que leio "Zangado, muito obrigado por ter me ajudado nisso ou naquilo", minha resposta é: "Sou eu que agradeço pelo carinho, porque ele não tem preço." Se eu ajudei vocês um dia, e não só nos games, fico imensamente feliz e satisfeito.

BELEZA, ENTÃO... VALEU... FALOU... ATÉ... T+

Quando comecei a escrever este livro, meu canal no YouTube tinha 2,5 milhões de seguidores. Agora, já ultrapassei a marca de 3 milhões. Imagine o tempo que eu levei pra escrevê-lo...

Pra terminar, gostaria de compartilhar com você, leitor, um vídeo que postei, este ano, em comemoração a essa incrível marca. É o "Ser gamer (Somos 3 milhões)". Nele, procurei me expressar sobre o que os games me ensinaram em todo esse tempo. Uma visão poética e motivacional que pouquíssimas pessoas têm a sensibilidade de enxergar em meio a um mar de preconceito que existe em relação aos gamers.

A ideia do vídeo me martelava por mais de um ano, até eu finalmente ter coragem de começar a colocá-la em prática, e o MF (mestre fanfarrão) colaborou para dar vida às ideias. Eu escrevi o texto, separei as imagens e as músicas e ele montou tudo em uma edição brilhante.

Inspirado no vídeo, reproduzo aqui o texto, como mensagem final para você, jovem, que é apaixonado pelos games, assim como eu:

Ser gamer... Ser um jogador...

Vocês já se questionaram o que é ser um gamer? Ou melhor, vocês já se questionaram o que os games ensinaram pra vocês levarem para as suas vidas? Ou vocês nunca pararam pra pensar nisso?

Afinal, são horas e horas que dedicamos a eles. Muitas horas dos nossos dias, de nossas vidas, e se vocês forem bons observadores vão notar que eles têm muita coisa pra nos ensinar. Nos inspirar...

Zangado, o que os games ensinaram a você? O que é ser um gamer? Eu digo a vocês.

Os games me ensinaram que quando você encontra inimigos pelo caminho, significa que você tá indo pela direção certa. E se você quer realmente um final feliz, você tem que lutar muito pra conseguir. Por mais que você esteja estressado, preocupado, cheio de problemas, você precisa parar. E ouvir...

O sábio é aquele que ouve mais e fala menos, pois aprende o que escuta e transmite no olhar esses ensinamentos.

Não existe sexo frágil!

Os games me ensinaram que podemos errar várias vezes.

Os problemas vão se acumular, mas se tivermos paciência e não desistirmos, os acertos os farão desaparecer como mágica.

Tenha orgulho das coisas que você fizer, das coisas que você construir. Mesmo que as pessoas digam: "Argh, não ficou tão bonito." Aparência não é tudo.

Os jogos me ensinaram que a guerra nunca muda.

Que toda escolha gera uma consequência, não apenas para você, mas para o mundo e as pessoas à sua volta.

Que vilões geralmente são vilões por uma razão. E que aos olhos de alguns, esses vilões estão certos e são os verdadeiros heróis.

Os jogos me ensinaram que a dor é terrível, mas ela nos guia para evoluirmos e nos tornarmos cada vez mais fortes.

Que morrer é realmente triste, mas se for pelos motivos certos e, principalmente, se for pra proteger pessoas que você ama, tudo bem.

Todo mundo precisa de amor, mesmo que o amor seja uma dor.

Que a traição só existe porque vem das pessoas que menos esperamos.

Os jogos me ensinaram até a definição de "insanidade".

Que você não precisa ser do mesmo sangue, raça ou espécie pra que esse alguém seja considerado família.

Não faça uma promessa a uma mulher se você não vai conseguir cumprir.

Rivalidade não significa inimizade.

Se você ama alguém de verdade, só quer ver essa pessoa feliz, mesmo que ela fique com todo o crédito por algo que você ajudou a fazer.

O obstáculo pode ser gigantesco e parecer impossível... A gente pode tentar e falhar várias vezes. Mas, com as tentativas, vem o aprendizado, e com o aprendizado vem a melhoria, e com a melhoria vem a superação, e aquele bicho-papão não vai existir mais.

Que a jornada, em alguns casos, vale muito mais do que a recompensa final.

Tem gente que acha que videogames isolam as pessoas, as deixam antissociais. Em 2009, eu era só um moleque com um Xbox 360 e trocentas histórias pra contar que compartilhava com apenas meia dúzia de amigos. Quando eu comecei na internet, era só um. Hoje, somos mais de 3 milhões.

Somos mais de 3 milhões falando de games, de todos os games. E você vem me dizer que videogame não une as pessoas? Videogame une as pessoas, ensina, entretém, desestressa e oferece alegria temporária a muita gente que não consegue ter a mesma coisa fora do mundo virtual. Porque o mundo real só as empurra pra baixo.

Videogames não são responsáveis por assassinatos, não são responsáveis por notas baixas na escola e não são perda de tempo. E se você pensa assim, tá errado!

Ser gamer é optar por viver muitas vidas, em vez de uma só. Ser gamer é gostar de abraçar seus momentos sozinho ou sozinha, ou até mesmo esbanjar seu lado competitivo.

Eu sou gamer! Sempre fui! Sempre serei! E você?

Senta aí! Fica confortável. Aperta start e vai.

Grande abraço a todos vocês, jovens, tudo de melhor sempre. Muito obrigado por tudo! Somos 3 milhões!

Neste livro, compartilhei muitas histórias, e outras tantas não caberiam. Espero que tenha gostado, jovem! Não se esqueça de avali... Opa, aqui não tem como avaliar. Mas você sabe o que eu digo em seguida.

Grande abraço,

Tudo de melhor sempre!

Muito obrigado por tudo!

Beleza, então...

Valeu...

Falou...

E até...

T+.

1ª reimpressão Setembro de 2016
papel de miolo Pólen Soft 70g/m²
papel de capa Cartão Supremo 250g/m²
tipografia Avenir, Hemi Head e Lucida Sans
gráfica
Cromosete